MÉMOIRE AU ROI,

Par M. AUGIER LA SAUZAIE,

Ex-Constituant, ex-Membre du Corps législatif.

(SEPTEMBRE 1830.)

ÉPÎTRE

DÉDICATOIRE.

SIRE,

En me permettant d'adresser à VOTRE MAJESTÉ l'hommage de ma fidélité, et de lui dédier un Mémoire, j'ai besoin, dans ma position de simple citoyen, de légitimer l'hommage par l'exposé de ma position ancienne, et la dédicace, par la nature du Mémoire, dont le titre seul porte avec soi l'idée du grand.

J'ai été membre de l'Assemblée constituante ; j'ai fait le serment du Jeu de paume, et je suis resté fidèle aux principes qui l'ont dicté ; mon nom a figuré sur la liste des partisans de la Maison d'Orléans, liste de dangers à certaine époque, liste de droits aujourd'hui, et sur laquelle j'ai dû, en effet, être inscrit, non à titre de partisan de vues qu'on eut intérêt à supposer, mais à titre de témoin du civisme désintéressé du Chef de cette noble Maison, dont la bannière fut celle de la liberté, et non celle de l'ambition. Sous le gouvernement révolutionnaire et sous le Directoire, je me suis tenu à l'écart, condamnant ce qui le méritait, et rendant justice à ce qui en a fait successivement des époques de salut public, de gloire et d'agrandissement du territoire. Sous le Consulat, des fonctions de sous-préfet à Rochefort, lieu de ma résidence, m'ont été offertes, et je les ai acceptées ; sous l'Empire, j'ai été membre du Corps législatif ; partisan du système continental, j'ai exercé de front, à Hambourg, quatre fonctions différentes qui avaient pour objet principal la surveillance de ce système : dans l'une de ces fonctions, la latitude du pouvoir a été telle, que ce conseil a été à la fois créateur du tarif du Holstein, législateur réglementaire et pouvoir exécutif en matière de douanes, navigation et commerce. Je m'étends sur cette portion de l'administration particulière de Napoléon, parce qu'elle n'a pas été connue, qu'elle a réalisé cent millions dans les caisses du domaine privé, et que sa correspondance avec ce monarque a été directe, ce qui fait que le petit nombre de ceux qui en ont parlé l'ont fait en aveugles ; ils ne l'ont pas mieux comprise que ne l'ont fait certains fonctionnaires du premier ordre, lorsqu'ils ont commenté le système continental ; et pourtant ce système, percé à jour de plus d'un côté, mais non à Hambourg, a opposé assez de difficultés aux introductions des marchandises anglaises, pour que le billet de banque ait perdu, en Angleterre, trente-trois pour cent contre l'or et l'argent. Qu'eût-ce été, si l'on se fût maintenu à Moscou ? Arrivé à la Restauration, j'ai vu passer, sans faire un pas pour m'en rapprocher, son gouvernement, dans lequel j'eusse trouvé plus d'un ancien collègue, plus d'un ami ; et enfin j'ai atteint le règne désiré du Prince qui avait promis de ne manquer *ni à l'occasion ni à la France.*

SIRE, tels sont les titres qui me portent à considérer comme un devoir, l'adresse d'un hommage de fidélité qui, dans ma position de simple citoyen, est l'équivalent d'un serment.

Quant à la dédicace de mes méditations, elle est due à VOTRE MAJESTÉ, à raison du sujet qu'elles embrassent. Vous venez, SIRE, de créer une commission de commerce; cet acte de votre administration est un appel fait aux idées sur la matière : or, les miennes portent sur les moyens de mettre en rapports *commerciaux* la portion de la côte septentrionale de l'Afrique que nous tenons de la victoire, avec les établissemens que divers traités nous ont donnés sur la côte occidentale. Le plan de lier ces extrêmes par un point de raccord qui serait la ville centrale et *commerciale* de Tumbuctou est tout-à-fait neuf; il est digne de l'examen direct du Prince dont le Général Dumouriez, dans les entretiens de Little-Ealing, m'a cité l'élévation des vues, comme faisant partie des conditions qui, jointes aux gages donnés à la liberté, le qualifiaient pour devenir un jour l'élu des Français.

SIRE, le Mémoire que je dédie et soumets à VOTRE MAJESTÉ exigera des corollaires explicatifs de ce qui n'est tracé qu'à grands traits; mon porte-feuille est plein de documens sur la matière. Vingt années passées dans l'éloignement des affaires, n'ont pas été pour mon instruction, des années perdues; je les ai employées à acquérir, au dedans et au dehors, la connaissance de faits et de doctrines, du ressort de l'économie politique, qui ont agrandi le cercle de mes notions théoriques et pratiques sur cette science, appelée avec juste raison par son fondateur, la richesse des nations (the wealth of nations).

En Angleterre, j'ai étudié les institutions ; j'ai suivi les débats parlementaires ; j'ai connu quelques-uns des membres influens ; j'ai fouillé dans les enquêtes faites sur les sujets importans ; j'ai exploré les établissemens d'industrie et les grands ports de l'Etat ; mon titre d'ex-constituant m'a ouvert des portes qui sont restées fermées pour beaucoup d'autres ; et, du tout, j'ai recueilli des notions générales qui me rendent apte à faire le thème africain de plus d'une manière, mais toujours de façon à ce que l'attache du nom de VOTRE MAJESTÉ puisse trouver dans l'exécution un titre de gloire et de reconnaissance nationale.

Je suis avec un profond respect,

SIRE,

DE VOTRE MAJESTÉ,

Le très-humble
et très-fidèle sujet,

Augier La Sauzaie.

Paris, ce 1er. septembre 1830.

MÉMOIRE

Sur la possibilité de mettre les Etablissemens Français de la côte septentrionale de l'Afrique, en rapport avec ceux de la côte occidentale, en leur donnant, pour point de raccord, la ville centrale et commerciale de Tumbuctou.

La France conservera-t-elle la conquête d'Alger, ou sacrifiera-t-elle à des considérations rétrécies et méticuleuses, la possession d'un pays qui doit lui assurer la prépoudérance politique dans tout le Levant, donner une activité nouvelle à son commerce et à son industrie, et la débarrasser d'une exubérance de population qui demande instamment une issue?

Telles sont les importantes questions dont la solution intéresse l'honneur de la France, sa prospérité commerciale, sa tranquillité extérieure et la sécurité de tous les peuples qui fréquentent les côtes de la Méditerranée.

Mais, avant d'entrer dans l'énumération des avantages immenses qui doivent résulter pour la France de l'occupation de la Régence d'Alger, il est indispensable d'examiner s'il y aura possibilité de la conserver et de la défendre contre les prétentions d'une puissance rivale : dans le cas où, sous le prétexte de maintenir l'équilibre qu'elle détruit au gré de son intérêt particulier, elle voudrait lui contester un droit de possession, acquis par la valeur de ses armées et par les sacrifices considérables qu'a faits la France pour assurer le succès de son entreprise.

Nul doute que les Français, maîtres d'Alger et des positions importantes du pays, n'auront rien à redouter d'une attaque par terre, si les Anglais tentaient de les en expulser.

Les difficultés d'un débarquement, qui devrait d'abord s'effectuer en présence d'une armée victorieuse et aguerrie, sous le feu d'une artillerie foudroyante, rendraient les chances d'une pareille tentative dangereuses pour les assaillans, même en supposant l'égalité du nombre et de la valeur dans les deux armées.

Les tempêtes qui désolent constamment les côtes de la Barbarie, multiplieraient encore les obstacles d'une descente, disputée avec acharnement par les premiers soldats de l'Europe, auxquels ne manqueraient pas de se réunir les hordes arabes de l'Afrique, si on s'attache à les civiliser, et surtout à les convaincre que la France est trop puissante pour craindre l'effet des trahisons; qu'elle est assez forte pour les comprimer, et qu'elle seule peut assurer leur bonheur et pourvoir à tous leur besoins; l'étendue de son commerce, la richesse et la diversité de ses produits industriels, joints à sa sollicitude pour diriger leur activité, leur intelligence et leur bravoure vers l'agriculture, le commerce et la navigation lui en donnent les moyens. C'est ainsi qu'on parviendrait à neutraliser les efforts de nos adversaires pour nous susciter des difficultés, et que nous arriverions à consolider notre établissement en Afrique.

En vain voudrait-on s'étayer des derniers événemens qui viennent de nous troubler momentanément dans la possession de notre conquête, pour accréditer l'idée d'une retraite honteuse : la France est plus redoutable aujourd'hui qu'elle ne l'était à l'époque où nos armes ont triomphé des Algériens : elle a plus que jamais le sentiment de sa force et de sa dignité; et l'énergie du caractère national doit affaiblir chez nos voisins l'espérance de nous arracher par des menaces des concessions qui ne seraient pas compatibles avec notre intérêt. Il faut que notre politique soit loyale et ferme à l'égard des autres Cabinets, et que notre domination sur les peuples de l'ancienne Mauritanie soit paternelle, mais vigoureuse au besoin; l'intérêt même de l'Europe l'exige.

La Russie est parvenue, par une vigilance sévère, à maintenir dans le devoir les hordes musulmanes du Caucase, quoiqu'elle soit séparée d'elles par des distances considérables; et nous, placés pour ainsi dire aux portes de l'Afrique par la contiguïté de nos côtes avec les siennes, ne pourrons-nous pas obtenir les mêmes résultats, en comprimant l'esprit de révolte, par un grand déploiement de force, et en attachant les peuples conquis à la nouvelle métropole, par la douceur et les avantages d'un gouvernement puissant et paternel?

D'après ces considérations, les chances d'une agression anglaise sur le Continent de l'Afrique ne peuvent être douteuses; elles seront favorables à la France, si elle a soin de bien approvisionner son corps d'armée, et de tenir au complet tous les régimens qui en font partie : et pour cela, les moyens et le temps ne lui manqueront pas. L'excellent choix du général Clausel pour commander et administrer est déjà un moyen de conservation d'un pays dont la possession est si essentielle à notre prospérité future : et le pied de paix qui ne permet pas à l'Angleterre les coups de main, donnera le temps ; il est, au plus, de quatre-vingt-dix mille hommes, qui, après avoir pourvu aux besoins de trois royaumes et des nombreux établissemens du dehors, ne peuvent présenter de disponibles que quelques régimens rendus tels, en dégarnissant de droite et de gauche, et en prenant sur l'indispensable.

Quant à l'état de guerre continentale, celui-ci est, pour l'Angleterre, un état hors de nature qui ne peut s'établir que lentement, à force d'argent et avec le concours des autres puissances ; concours qu'il faut payer par des subsides, et les subsides nécessitent des emprunts, des bils d'indemnité : et tout cela ne s'obtient qu'en se mettant en harmonie avec l'opinion qui ne favorise que les guerres vraiment nationales ; or, la continuation de la piraterie trouverait-elle dans le public anglais de la sympathie? Je n'hésite pas à répondre : Non. Le public anglais se passionne pour ce qui est grand, généreux, humain, juste; et toutes ces conditions se trouvent dans l'entreprise, l'exécution et les vues de la guerre d'Alger. Dans celle de la révolution, il a fallu toutes les fautes commises par les Gouvernemens qui se sont succédés en France; et surtout, la faute choquante d'avoir tourné le dos à la liberté, pour avoir converti en Angleterre la guerre la plus impopulaire, dans son principe, en guerre tout-à-fait nationale. Quant au Gouvernement, il a d'autres principes de conduite, et en tête de ces principes est celui de la prospérité anglaise, avant tout. Ce principe est dans le code des précédens ministres; et en Angleterre, les précédens sont pour les gouvernans, comme pour les cours de justice, le code supplétif du droit écrit; c'est celui qui régit le haut tribunal de la Cour d'équité.

Il me reste à examiner la question sous le rapport maritime. Je ne prétends pas que la France puisse disputer (quant à présent) l'empire des mers aux Anglais, quoiqu'il soit d'expérience que cette nation, avec son système de presse, a besoin d'une année et plus de guerre maritime pour s'y présenter avec toute

la force dont elle est susceptible, tandis que
la France, avec son système de classes et de
bataillons, d'équipage de haut bord, n'a besoin
que de six semaines pour réunir ses moyens.
Je laisse de côté cette considération, qui est
susceptible de combinaisons avantageuses, et
je dis que les Anglais pourront tenter le blocus
des côtes africaines, se promener librement
dans la Méditerranée, et s'exposer aux dangers
d'une mer orageuse, sans que, pour cela, ils
puissent parvenir à empêcher les communications de la France avec l'Afrique: la proximité
de nos côtes avec celles de la Barbarie, la facilité des échelles et des relâches dans les ports
neutres et intermédiaires, jointes aux dangers
d'une navigation côtière, rendront illusoire la
surveillance de ces grandes flottes, réduites à
l'impossibilité de bloquer avec suite des côtes
de fer, et forcées de tenir la haute mer, pour
ne pas s'exposer à des périls imminens; et c'est
alors que les bâtimens légers tirant conséquem-
ment peu d'eau, n'ayant qu'une traversée de
quelques jours à faire, trouvant d'ailleurs sur
leur route des ports amis, pourront tromper
la vigilance des croisières anglaises, alimenter
notre établissement en vivres et hommes. Ce
fut de cette manière que les colonies du vent

et celle de Santo-Domingo furent approvision-
nées dans la dernière guerre, en dépit des
flottes anglaises, qui croisaient constamment
dans ces parages ; c'est par des corsaires , qui
firent éprouver au commerce anglais des pertes
incalculables , et au moyen de cargaisons de
farine introduites par des aventuriers venant
des Etats-Unis, que nos Colonies, malgré la
longueur d'une navigation d'un mois, n'ont
manqué de rien. Après ces exemples, comment
craindre pour ce qui n'exige que la navigation
de quelques jours?

La crainte d'une guerre avec l'Angleterre ,
que notre attitude imposante rend improbable,
ne sera qu'une guerre de notes diplomatiques
et d'articles du *Courrier,* journal officiel, qui in-
voque astucieusement la générosité française.
Cette crainte ne doit point nous empêcher de
conserver la possession d'un pays qui doit
offrir un jour à la France des compensations
plus que proportionnées aux pertes qu'elle a
faites dans ses colonies occidentales. Alger
deviendrait d'ailleurs une colonie de position
en temps de guerre, et rétablirait au lieu de
détruire cet équilibre militaire , argument
éternel des Anglais. Nous posséderions la
régence d'Alger, à plus juste titre qu'ils n'oc-

cupent les îles Yoniennes, Malte , Gibraltar, Helgoland , dont ils se sont emparés par droit de convenance. Le droit d'envahir est-il donc réservé aux Anglais ?

J'aborde à présent les avantages que doit nous procurer la possession de la régence d'Alger.

Ces avantages n'ont été envisagés , jusqu'à ce jour, que sous un seul point de vue, celui de la côte septentrionale de l'Afrique ; et déjà l'on s'accorde à reconnaître que la portion de cette côte qui nous est soumise, nous promet un accroissement de puissance maritime proportionné à l'étendue des côtes conquises et au goût des Algériens pour la mer. Une culture appropriée aux besoins de la France, pauvre en colonies Américaines et Asiatiques ; un ascendant qui sera l'équivalent d'un droit de suscraineté sur les régences de Maroc, Tunis, Tripoli et même sur l'Egypte ; finalement la reconnaissance de l'Europe affranchie du joug humiliant des Barbaresques, et plus tard, celle d'une portion de l'Afrique qui aura passé d'une demi-civilisation à la civilisation complète.

Ces fruits de la victoire, dans cette partie de l'Afrique, sont immenses et certains; mais sont-ils les seuls qu'on en puisse retirer.' La France, en portant ses regards vers la côte occidentale où elle semble ne posséder que des établissemens faibles, séparés les uns des autres par de grandes distances, et peu susceptibles de liaison, surtout d'une liaison qui se rattacherait à la nouvelle conquête, ne trouverait-elle pas sur cette côte les moyens de profiter du cours des fleuves, et de les suppléer, par des caravanes, sur les points où il y aurait interruption de flottage, pour donner la vie à ce qui est languissant, rendre compact ce qui est épars, rapprocher les distances, en leur choisissant des intermédiaires; se donner le monopole d'une forte portion du commerce de l'Afrique, civiliser en multipliant la fréquentation ; établir une réciprocité de secours entre les parties les plus détachées les unes des autres ; finalement mettre en communication régulière les possessions nouvelles avec les possessions anciennes, la côte septentrionale de l'Afrique avec la côte occidentale, la Méditerranée avec l'Océan atlantique? Tel est l'objet du présent Mémoire. Je le soumets aux lumières de S. M. le Roi des Français, et j'aurai pour juge de ce qu'il peut contenir de bon ou de défectueux l'aptitude d'examen de ce juge auguste et capable.

A l'ère nouvelle dans laquelle la France vient d'entrer ; aux méditations de son Chef pour la rendre grande, glorieuse et heureuse, il faut des idées nouvelles, des idées grandes : celles que je présente sont telles ; mais seront-elles jugées praticables ? Je me le persuade, et j'entre dans l'examen des moyens d'exécution.

Cet examen exige une revue préalable des divers établissemens occidentaux, dont les uns sont effectivement possédés par la France, et les autres ne reposent que sur des droits de possession, droits qu'il sera facile de constater.

J'aborde à cet égard la question, et passant sous silence des branches de prospérité étrangères à l'objet, je me borne à assigner à chacun de ces établissemens la part qu'il est destiné à avoir dans cette exécution, à cet effet : je divise la côte occidentale en trois régions, qui, partant du cap Blanc et se terminant au cap Lopez, embrassent tout ce qui est susceptible d'y concourir.

PREMIÈRE RÉGION.

La France possède cette région sans partage : elle part du cap Blanc et se termine à la rive septentrionale de la rivière de Gambie ; ses établissemens y sont les suivans :

1°. L'ÎLE D'ARGUIN et LA RIVIÈRE DE SAINT-JEAN. Le rôle de ces deux établissemens, situés au fond d'une vaste baie, et les plus voisins de l'Empire de Maroc, est de réprimer sur l'Océan la course faite par les corsaires de cette nation, qui sur la Méditerranée, auront la station d'Oran pour surveillante. Les Saltins, qui sont ceux qui s'occupent le plus de la course dans les parages atlantiques, portent leur croisière entre Madère et les Canaries, à l'effet d'intercepter les bâtimens qui vont à la côte d'Afrique, et aussi, ceux qui sont dans le cas de prendre connaissance de Madère, pour se rendre aux Indes occidentales. Il est rare que ces corsaires dépassent l'ouest des deux îles. Une station appropriée à l'état de la baie devra être chargée de ce service. Le cap Blanc demande l'érection d'un phare pour prévenir les dangers de cette portion de côte. C'est sur le banc d'Arguin qu'a eu *lieu l'affreux désastre de la Méduse.*

2°. PORTANDIC. La destination unique de cet établissement, qui est le lieu où se porte la portion du commerce de la gomme qui échappe au monopole que le Sénégal exerce sur cette marchandise utile à la médecine et aux arts, est de combattre la concurrence des Anglais, auxquels la paix de 1783 a donné pied sur ce point. Ils ont droit d'y traiter à leur bord, et non à terre. Or, la gomme est l'un des articles qu'embrassera la nouvelle ligne commerciale qu'il s'agit d'établir, et la politique doit tendre à en ramener la totalité vers les Escales du Sénégal.

3°. LE SÉNÉGAL. La destination de cet établissement est de communiquer par le fleuve dont il porte le nom et par le Niger, avec des caravanes qui conduiront à Alger ; communication qui lui assignera un premier rôle dans l'exécution du plan soumis à l'examen.

4°. L'ÎLE DE GORÉE. Cette île, qui a pour avantage celui d'être, depuis les ports de Maroc jusqu'à la Côte d'Or, le seul bassin qui offre à de grands bâtimens abri, sûreté et moyens de carénage, devra être un lieu de station plus susceptible que celle d'Arguin d'en imposer à la marine et au territoire de Maroc ; attendu qu'elle pourra, au besoin, se composer de frégates.

5°. RUFFISQUE, PORTUDAL ET JOAL. Ces établissemens, dont le premier donne des vivres, ont pour rôle spécial, dans le plan en

question, celui d'éloigner les Anglais du Sénégal, en ne laissant pas de lacune entre ce fleuve
et la rivière de Gambie, sur laquelle ils sont
placés ; et l'on vient de remarquer de quelle
importance sera le Sénégal dans ce plan.

6°. L'ISLE DE CASTAMBÉ. Cette Isle entre
dans mes vues comme moyen d'influencer l'état
de Boursaleum, dont la capitale est Cahom,
lieu de passage où s'arrètent les Mandingues,
autrement dit, les marchands qui portent aux
Anglais de la rivière de Gambie, l'or, l'ivoire
et autres objets précieux de l'Afrique Orien-
tale : or, le commerce de l'or sera la principale
des branches que le plan embrassera. De là,
nécessité de ne négliger aucunes des sources
qui le donnent aux Africains.

7°. ALBRÉDA. Cet établissement, situé à
huit lieues de l'embouchure de la rivière de
Gambie et à deux cents toises de sa rive septentrionale, peut intercepter une partie du
commerce des Mandingues avec l'établissement anglais; mais son rôle politique, dans
l'intérêt du plan, est de constater, par son exis-
tence sur la rive septentrionale de la Gambie,
que les Anglais qui ont été reconnus comme
seuls possesseurs de la navigation de cette rivière, par la paix de 1783 et les suivantes,

n'ont aucun droit sur cette rive, qui, étant parallèle à celle occidentale du Sénégal, devient la protectrice de cette dernière, ainsi que de la navigation exclusive de ce fleuve que les divers traités de paix accordent *aux seuls Français.*

SECONDE RÉGION.

Cette région, qui part de la Gambie et se termine au golfe du Bénin, est sans importance pour la France, relativement aux vues de ce Mémoire ; mais elle peut offrir à des rivaux les moyens de pénétrer dans l'intérieur de l'Afrique. Ces rivaux sont les Anglais, qui, possesseurs de la navigation de la rivière de Gambie, peuvent se rapprocher du Niger, dont ils sont séparés par une distance beaucoup plus considérable que ne l'est le Sénégal, ce qui leur ôte tout moyen d'y exercer une première influence, mais non tout moyen d'y arriver.

Les autres établissemens européens qui couvrent cette région se composent de Portugais, d'Anglais, de Français, de Hollandais et de Danois, qui, à mesure qu'ils se rapprochent de la Côte d'Or, se groupent les uns sur les autres. Il en est peu qui aient les moyens de pénétrer bien avant dans l'intérieur.

Les Français ont sur cette région droit de comptoir sur quatre points, dont le dernier, qui est celui de Juda, est à demi-portée de canon du fort anglais; les Portugais y sont comme naturalisés.

TROISIÈME RÉGION.

Cette région, qui commence au golfe du Bénin et se termine au cap Lopez, ne compte que quatre établissemens européens, dont deux français, un anglais et un portugais.

Les Français sont sur l'île de Borodo, qui dépend du roi de Whère, et à Agaton, lieu situé sur le territoire du Béniu et bordé par le fleuve du même nom.

Les Anglais occupent l'île de Fernando-Po, île jadis portugaise, puis espagnole, et récemment anglaise; on ne sait à quel titre, à moins que ce ne soit celui de convenance, depuis que l'explorateur Clapperton leur a appris que le Niger se décharge dans le golfe du Bénin, sur lequel ils ont dû vouloir se placer.

Les Portugais possèdent l'Isle du Prince, et sont bien établis sur ce point, qui est favorable à plus d'un genre de spéculations.

Les deux Établissemens français de Borodo

et d'Agaton, peuvent être considérés comme n'en faisant qu'un, attendu que le dernier est une Factorerie érigée pour la convenance du premier: l'un et l'autre sont situés sur le Continent, auquel appartient l'Isle de Borodo, formée par la jonction des fleuves Formose et Borodo : une barre sépare cet établissement de la haute mer : de sorte qu'il se trouve isolé et hors du point de contact avec les Isles de Fernando-Po et du Prince, qui sont situées sur la haute mer. Cet isolement, et la protection naturelle de la barre, sont précieux, attendu le rôle que l'Etablissement de Borodo est destiné à jouer dans l'exécution des vues de ce Mémoire. Ce rôle sera celui de communiquer, par le Formose et le Borodo, avec le Niger, et celui ci avec les caravanes d'Alger : de façon que ces caravanes seront alimentées par un double arrivage, dont l'un viendra de l'ouest par le fleuve Sénégal, et l'autre de l'est par les fleuves Formose et Borodo.

Les rôles étant ainsi assignés à chacun des Etablissemens que les Français possèdent sur la côte occidentale de l'Afrique, je laisse de côté ceux qui ne sont qu'auxiliaires, et je reviens sur ceux qui ont été indiqués comme possédant les moyens d'arriver par flottage jusqu'aux caravanes qui se rendront à Alger.

Ces Établissemens sont au nombre de deux, qui, joints à celui avec lequel ils doivent communiquer, me donnent les trois points suivans :

ALGER, au septentrion.

Le SÉNÉGAL, à l'occident.

BOBODO, à l'est.

Mais ces gisemens opposés les uns aux autres, et l'inspection de la carte, font connaitre que de grandes distances les séparent. Comment affaiblir cette difficulté ? Ce sera en prenant en considération l'égalité approximative des distances et la configuration du terrain qui nous donne un triangle, lequel, quoiqu'inexact, permet d'envisager chacun de ses angles comme pouvant conduire à un point de raccord, choisi de manière à ce qu'il soit central, commercial et fréquenté. Or, ce point de raccord, je le trouve, ainsi que toutes les conditions demandées, à Tumbuctou, dont l'importance commerciale est proclamée par les alarmes des Anglais, qui, dans le *Courrier*, journal officiel, nous accusent de songer déjà à la conquête de Tumbuctou, pour régner au centre de l'Afrique. Que diraient-ils donc, ces rivaux jaloux de toute extension commerciale

de la part des autres peuples, si , connais-
sant nos droits d'établissement sur les fleuves
Formose et Borodo , qui sont ceux qui con-
duisent le plus directement à Tumbuctou , ils
avaient cette donnée qui leur manque pour pénétrer le vaste plan de jonction que je propose?
Quoi qu'il en soit de leur ignorance à cet égard,
ignorance qui , au reste , a été partagée par les
ministères français qui se sont succédés depuis
1814, nous répondrons aux décalmations anglaises : « Tumbuctou ne sera pas conquise par
les Français , mais elle sera utilisée , civilisée ,
et portée par eux à la plus grande fréquentation
commerciale qu'elle soit susceptible de comporter ; elle est appelée à devenir, au milieu de
l'Afrique , une sorte de ville anséatique , ou-
verte au commerce de chacun des peuples qui
seront en possession de pouvoir y arriver ,
mais subissant l'influence de la nation avec
laquelle elle aura le plus de fréquentation : or,
cette nation sera la NATION FRANÇAISE. »

Ainsi donc , fixé , dans le choix du point
central nécessaire à l'atténuation des distances,
ce qui , au lieu de trois points à décrire , en
donne quatre , je passe à l'examen de ce que
chacun de ces quatre points peut faire pour être
partie dans les communications projetées, et je

commence par le point central, auquel abou-
tiront trois rayons d'une divergence à peu
près égale.

TUMBUCTOU.

Cette ville est devenue, depuis la suppres-
sion de la traite des Noirs, l'objet de la re-
cherche des Européens, qui s'en sont occu-
pés dans des vues de commerce, de civilisation et d'étude géographique. Les Anglais ont
été, à cet égard, les plus ardens, et les Français les plus heureux. Les premiers ont dépensé
la somme de 750,000 liv sterling en frais d'ex-
plorations faites par les Mungo-Parck, Peddie,
Campbell, Laing, Clapperton et autres, qui
tous ont succombé dans l'entreprise; les Français, au contraire, ont eu le courageux Caillé,
qui, sans mission, sans escorte, sans moyen
de payer son droit de passage par des présens,
est parvenu, à force de persévérance, à pouvoir dire : J'ai vu Tumbuctou ; j'ai pénétré jusqu'au palais du Chef ; j'en ai étudié les ressources commerciales, et, parti de l'océan atlan-
t que, j'ai percé jusqu'à la Méditerranée !

Les résultats qu'a obtenus l'explorateur
français sont donc indicatifs du succès qu'auraient les communications dont l'importance

fait l'objet de ce Mémoire ; son itinéraire ne
diffère de celui que je proposerai, que parce
que, parti de Serra-Léone et non du Sénégal,
il a dû prendre le plus souvent la route de
terre, et que sa position a exigé qu'il longeât
les fleuves au lieu de s'y embarquer, tandis
que par celles que je propose, la navigation
sera mise à contribution presque constamment,
et surtout celle ayant alternativement avec le
vent et les courans, la vapeur pour moteur :
elle évite les fatigues, elle permet les appro-
visionnemens, elle en impose à des peuples
que le merveilleux subjugue; et, au besoin, elle
comporte l'emploi de la force.

Le voyageur français nous a appris que
Tumbuctou, cette ville mystérieuse, n'a de
merveilleux que la difficulté de la construire
au milieu des sables dont elle est entourée;
qu'elle est civilisée à la mauresque et en a es
habitudes; qu'elle a trois milles anglais de
circonférence : que sa population, non compris
celle mobile qu'amènent les caravanes, est de
dix à douze milles âmes; que le commerce est
l'unique occupation de ses habitans : que les
marchandises européennes y sont recherchées;
que celles des Anglais y sont en plus grande
quantité; que les armes à feu de fabrique fran-

çaise y sont préférées; que l'importation se compose d'armes, d'étoffes de coton imprimées et non imprimées, de drap écarlate, de quincaillerie, de verroterie, de corail, vrai et faux; de papier, de soufre en bâtons, de tabac, de sel, etc., et que ses exportations ont pour principaux objets, l'or, l'ivoire, les esclaves, les plumes d'autruche. Quant aux relations qu'alimentent ces divers articles de marchandises, elles sont les suivantes:

Au septentrion, les côtes de Barbarie par caravanes. A l'occident, les villes commerciales de Ségo, Jenné, Bouré et autres, par voie du Niger. A l'est, Sennar, le Fezzan, et jusqu'au Caire, par caravanes.

Que peut-on demander de plus à Tumbuctou, pour que, après avoir démontré les moyens d'y arriver d'Alger, du Sénégal et du Borodo, il soit reconnu qu'elle réunit toutes les conditions voulues pour répondre à sa destination? Un port? or ce port existe à Cabra, sur le Niger, à quelques milles de Tumbuctou.

ALGER.

Il est de fait que les caravanes commerciales qui vont des États barbaresques à Tumbuctau partant principalement des territoires de Maroc, Tunis et Tripoli ; ne tirons pas de ce fait la conséquence que celui d'Alger ne se prêterait pas à ce genre de commerce ; mais reconnaissons que sa régence ayant eu à soi, jusqu'à ce jour, d'autres moyens de se procurer l'or et les esclaves noirs, qui forment la principale branche des exportations du Tumbuctou, s'est peu occupée de relations avec cette dernière ville.

Cet état de chose étant changé, Alger n'ayant plus la ressource des esclaves blancs et des subsides des puissances chrétiennes, l'or lui viendra par des caravanes directes, et les Français, fertiles en expédiens, sauront les rendre respectables, soit en route, soit au lieu de leur destination. La distance qu'auront à parcourir ces caravanes, sera d'environ *quatre cents lieues*, et l'itinéraire en sera subordonné, dans le grand désert, à la rencontre des puits qui, sans doute, seront multipliés, si le mode artésien peut être préservé de l'invasion du sable.

LE SÉNÉGAL.

Pour mettre l'établissement du Sénégal en communication naturelle avec Tumbuctou, la navigation *interne* est ce qu'il faut rechercher. J'en ai donné les raisons. Or cette navigation sur le Sénégal conduirait à deux points diftérens, lesquels nécessiteraient, pour joindre le Niger et y reprendre la navigation, un emprunt de route, par terre, qui comporterait de huit à douze journées de marche, plus ou moins, selon la rencontre des affluens peu connus qui alimentent des fleuves tels que le Sénégal et le Niger.

Pour l'un de ces emprunts de routes, on suivrait le cours du Sénégal jusqu'à ses cataractes, qui sont à environ trois cents lieues de la mer, au lieu appelé *Félou*, et ce lieu exigerait un comptoir dont l'unique objet serait l'organisation d'une caravane pour conduire à *Ségo*, où, reprenant la navigation sur le Niger, on pousserait jusqu'à Tumbuctou. Ségo aurait aussi son comptoir pour favoriser la caravane de retour vers Félou; quant a l'autre de ces emprunts, on se bornerait à ne naviguer sur le Sénégal que jusqu'au fort français de St.-Joseph, qui est situé à environ 200 lieues de la mer, déduction faite des sinuosités. Rendu là, on obliquerait au sud-est pour entrer dans la rivière de Falémé; et de celle-ci on pousserait dans la petite rivière d'Or, laquelle est la bien nom mée , puisqu'après une courte navigation, elle atteint les états de Bambouc et de Bondou ; pays riche en mines d'or qu'on voit à la surface, et dont la distance du fort Saint-Joseph n'est que d'une cinquantaine de lieues. Les états de Bambouc et de Bondou sont habités par un peuple indolent, qui, dans des temps qui ne sont pas très-reculés , nous ont invités à entreprendre l'exploitation des mines. Aux états de Bambouc se terminerait la navigation pour adopter les caravanes jusqu'à Bouré sur le Niger, et là reprendre la navigation.

Vient actuellement la question de savoir laquelle de ces deux routes est la préférable. La position de chacune d'elles est la suivante :

Celle de l'embouchure du Sénégal jusqu'aux cataractes et, par terre, de Félou à Ségo, donne, pour premier avantage, la fréquentation des villes commerciales de Ségo , Samandring et Jenné, dont la dernière a une telle importance commerciale, qu'en des temps où l'origine de sa prospérité n'était connue qu'imparfaitement, on l'appelait la ville d'Or, se persuadant qu'elle produisait ce métal, lorsque de fait elle le recevait de Bouré, dont il va être question.

Quant à celle du Sénégal et de la rivière de Falémé, j'ai à faire observer que l'or se trouve doublement sur cette route : en premier lieu dans les états de Bambouc et de Boudou ; en second lieu dans ceux de Bouré, capitale du royaume de ce nom, qui abonde en mines dont on se borne à lessiver les terres ; et j'ajoute que cet or se répand à Bamakou, Jamina, Ségo, Samandring et Jenné, villes de commerce qu'on rencontre sur le fleuve, avant d'arriver à Tombuctou, et qui sont des marchés pour les marchandises européennes.

Vu cet état des choses, je ne balance pas à me prononcer pour cette dernière route, qui a pour soi des communications avec les points que la première possède, et qui y joint ce qu'elle ne possède pas, la faculté de puiser l'or à sa source.

Lorsqu'on connaîtra mieux ces contrées, d'autres combinaisons pourront se présenter, attendu que le Sénégal et le Niger étant voisins de sources, le sont probablement aussi de points de flottage. Le temps et la fréquentation de ces pays seront fertiles en moyens de simplifier les opérations, et de rendre plus heureux les peuples qui nous ouvriront leurs trésors. Pour le moment, tenons-nous en à la route des calaractes et à celle de la rivière de Falémé, pour arriver par l'une à Ségo, par l'autre à Bouré, et par les deux à Tumbuctou.

Tels sont les moyens qu'offre l'établissement français du Sénégal pour unir, dans des vues de commerce, les côtes occidentales de l'Afrique à celles septentrionales.

Il y aurait d'autres combinaisons à faire valoir à l'effet d'attirer, sur le Sénégal, l'or que les Mandingues portent à Serra-Léone et autres points; mais je me renferme, pour le moment, dans ce qui est sur la ligne de communication que j'ai embrassée.

ISLE DE BORODO, autrement dit ISLE WHÈRE.

Cette propriété *française* en Afrique n'est pas connue. Les ministres qui se sont succédés depuis 1814 ont négligé, à la paix et depuis, d'en prendre possession. Je me borne, pour le moment, à faire connaître les droits français sur cette île : ces droits résultent de promesses faites en 1784 par le roi de Whère, d'un traité signé de lui en 1785 ; et d'un procès-verbal de prise de possession, signé en 1786 par le prince Boudacan, fils du roi de Whère, lors de sa rentrée dans les états de son père, après avoir terminé une sorte d'éducation à *Nantes*. Trouverait-on dans le grand nombre des établissemens européens, situés sur la côte occidentale de l'Afrique, des titres plus positifs, plus récens et plus en règle en tous points. L'incurie des ministres qui les ont mis dans l'oubli est impardonnable. Comment n'ont-ils pas pressenti l'importance d'un établissement dans le golfe du Bénin, lorsqu'ils ont été les témoins de l'envahissement de l'île de Fernando-Po, fait par les Anglais sur les Espagnols, envahissement qui ne peut avoir eu d'autre vue (le lieu étant très-malsain) que celle de se rapprocher, autant que possible, des bouches du Niger ?

La question essentielle dans le rôle que ce Mémoire assigne à l'établissement de Borodo, étant de savoir jusqu'à quel point l'île de ce nom est susceptible de conduire à Tumbuctou, par une navigation non interrompue, le raisonnement qui répondra à cette question est le suivant :

Il a été dit que l'île de Borodo est formée par la jonction des fleuves Formose et Borodo; or, les explorateurs Reichard, Caillé et Clapperton sont d'avis que le Niger se décharge dans le golfe de Guinée, par diverses bouches,

»l le dernier lui donne, pour bouche principale, le *Formose*. Cette idée d'ailleurs est for-
tifiée par les circonstances suivantes :

1°. Le roi de Whère prend le titre de roi des
fleuves; et, en effet, il en est entouré et les
commande par une marine composée de deux
cents pirogues de soixante à quatre-vingts pieds
de long, ayant de cent à cent cinquante hommes d'équipage, et armés, soit de pierriers,
soit d'une pièce de quatre placée à l'avant;
cette circonstance n'est-elle pas indicative de
la probabilité que les moyens de jonction for-
més par des affluens sont multipliés sur le territoire du roi des *fleuves*, et que le Niger se
déchargeant dans le golfe du Bénin, possède
plus d'une communication avec les eaux sur
lesquelles règne ce monarque noir, qui n'est
pas sans importance dans ces contrées ?

2°. Le Formose et le Borodo coulent parallè-
lement, et de distance en distance se rejoi-
gnent et forment des îles, dont celle de Borodo
est la plus rapprochée de la mer, ce qui ajoute
aux moyens de communication.

L'exploration du tout est digne de la sollicitude du Roi des Français. L'un de nos natu-
ralistes, M. de Beauvoir, a remonté le Borodo

jusqu'à cent lieues, dans l'intérieur : s'il eût eu la vapeur pour moteur, il eût pu pénétrer plus avant, échapper à bien des privations, et se faire respecter par la force sur les points où les présens n'auraient pas pu lui donner droit de passage ; et ces points n'existent pas, attend t que la difficulté est dans le plus ou le moins qu'on exige. Or, le plus n'est pas *coûleux*, d'après la nature de ces présens. Le bois abonde dans le pays, les fleuves en sont bordés, ce qui donnerait une grande partie du combustible nécessaire à la production de la vapeur.

Il me reste à ajouter que, de même que le Sénégal et le Niger embrassent, dans leurs cours, des pays riches en mines d'or, de même aussi le Formose, l'un des points de départ de l'île de Borodo, reçoit du royaume du Bénin des mottes de terre contenant des parcelles d'or. Le commanbant qui fonda l'établissement de Borodo m'a dit, que les Jos, peuples nomades qui naviguent pour les habitans du Bénin, étaient dans l'usage de lui en apporter en contrebande, et bravaient la peine de mort attachée à la sortie de cet article.

Je dois dire, de plus, que les sujets du roi du Bénin s'abstiennent de mettre le pied sur l'eau, attendu qu'ils sont persuadés que le malin esprit est au fond, de sorte que la police du Formose tomberait par délégation du roi de Whère dans les mains des Français; il la leur accorderait par une préférence décidée sur les autres nations qui fréquentent ces parages, et surtout sur les Anglais, contre lesquels il a une vieille rancune.

Si l'examen des idées que je soumets est satisfaisant, un second Mémoire fera connaître à quel titre l'île de Borodo appartient à la France; comment elle l'a momentanément abandonnée; combien il serait urgent d'en prendre possession, en s'empressant de payer les prestations arriérées; jusqu'à quel point, elle peut être rendue inexpugnable; et finalement, quelle en serait l'importance, comme colonie très-productive, comme port ouvert au commerce interlope avec le Brésil, et comme point favorable à la pêche de la baleine, qui, pouvant se faire dans les parages d'Acra, permettrait, à raison du voisinage, que la fonte de l'huile pût se faire à Borodo.

Ce second Mémoire pourrait être suivi d'un troisième, qui ne serait point étranger à la question; il aurait pour objet de faire connaître les vues des Anglais sur le Sénégal, en échange duquel ils donneraient volontiers l'île de

France ou deux îles ˮdans les Antilles. J'ai connu leur secret à cetˮégard, par une conversation que j'ai eu l'honneur d'avoir avec S. A. R. le duc de Gloucester, président et patron de l'*Association africaine*. Cette conversation fut provoquée par le général Dumouriez, qui, habitué à faire valoir ses amis, me valut de la part du prince une invitation qui fut suivie d'une conversation dans laquelle une portion des intérêts africains et asiatiques furent traités à fond.

Vu la position incertaine dans laquelle nous sommes avec les Anglais, relativement à la conquête d'Alger, je crois devoir faire remarquer que l'association africaine en Angleterre est en possession de diriger l'opinion dans les questions de son ressort; son président et patron est, comme je viens de le dire, une Altesse Royale; et, au nombre de ses vice-présidens et administrateurs, figurent quatre évêques, une vingtaine de lords, et quelques membres de la Chambre des Communes; tous ayant une grande influence dans les deux Chambres et faisant partie de ce qu'on appelle les meneurs (the leaders). De cet état de choses il résulte, qu'en fait de question africaine, la saine politique commande d'avoir pour soi cette association: et comment l'avoir, comment l'amener à favoriser des intérêts français? Ce sera en lui faisant des concessions philantropiques qui ne manquent jamais d'obtenir sa sympathie: et il en est qui restent à faire, et qui seraient dans le sens des principes du Gouvernement actuel.

Si la possibilité de mettre à exécution les vues que je viens de soumettre à l'examen, est suffisamment prouvée, elle aura pour résultat celui de donner à la France ce qui lui manque comme grande puissance et puissance maritime: rivale de l'Angleterre sous plus d'un rapport, il lui reste à l'être sous celui d'une domination coloniale graduée sur une échelle proportionnée à sa taille et susceptible d'accroître considérablement son bien-être; et cette domination, elle peut l'obtenir en Afrique, si rassemblant les élémens de prospérité qu'elle y possède, elle leur donne de l'ensemble et leur imprime l'action dont ils sont susceptibles.

Dans le mouvement qu'il s'agit de leur donner, les établissemens de la côte occidentale, privés de territoire et de population, devront désormais cesser de s'occuper de toute culture, autre que celle nécessaire pour donner aux nationaux des leçons et le goût de produire ce qui sera susceptible de jouer un rôle dans les échanges; mais, placés on ne peut plus avantageusement pour pénétrer dans l'intérieur de l'Afrique par le commerce, ces établissemens devront s'emparer de ce grand moyen de civilisation, d'abondance et de liaison entre les peuples, et s'en occuper uniquement; aidés de la prépondérance que les Maures exercent sur les Nègres mahométans et idolâtres, les Français dominateurs des Maures devront se les adjoindre pour pénétrer dans l'intérieur de l'Afrique et y faire marcher de front le commerce, l'instruction et la civilisation. Cet intérieur, à l'imitation des côtes, recevra des comptoirs; mais ceux-ci devront être composés de Maures et de Français; le même mélange devra présider à la formation des caravanes et à la composition des équipages qui remonteront les fleuves pour se porter au cœur de l'Afrique, et même, au besoin, le turban devra être adopté. De cet amalgame résultera la facilité, en se portant des extrémités au centre, et du centre aux extrémités, d'avoir en main les importations, les exportations, en un mot le monopole de la majeure partie du commerce de l'Afrique.

Les effets d'une pareille fréquentation étant de rendre les Africains plus heureux, ils ne tarderont pas à le sentir et à subir l'ascendant d'une supériorité qui donnera à la France une domination morale, qui, dans la combinaison des intérêts généraux, aura tout l'effet d'une domination réelle. De là, le spectacle de deux dominations colossales exercées par deux grands peuples, qui, de rivaux qu'ils étaient, tendent à devenir émules et exempts de jalousie, ainsi que de points de contact dans leurs possessions; l'une sera celle des Anglais dans l'Inde, et l'autre, celle des Français en Afrique. Lequel de ces deux peuples sera le mieux partagé? Le tableau comparatif qui va suivre répondra à cette question, et la question n'est pas hors de saison, car sa solution contribuera à faire sentir plus vivement l'immensité des avantages que la conquête d'Alger est susceptible de procurer, et la nécessité de la conserver à tout prix.

INDE.

Distance de la métropole. Cette distance est de cinq mille lieues; elle fait naître de suite l'idée de deux inconvéniens; la longueur des opérations et l'élévation du prix du fret; mais le capitaliste anglais perd volontiers ses fonds de vue quand il s'agit d'opérer en grand : et l'élévation du fret, aux yeux de l'Angleterre, pour qui la marine est le premier des intérêts, a pour compensation celle d'une longueur de navigation qui, sans être précisément de nature à former et à endurcir les marins, a cependant l'avantage de les entretenir dans l'exercice du métier.

Productions exportées. Ces productions sont la soie, l'indigo, le poivre et autres épiceries, le sucre, le salpêtre, l'opium, le coton en laine, et les tissus de coton, qui, dans les mains des Indiens, ont atteint le plus haut degré de finesse que puisse comporter le lainage dont ils se composent ; or, tous ces objets conviennent à l'Angleterre, à la réserve des tissus de coton. Il lui faut des matières premières, et non l'article dont la fabrication joue le premier rôle dans son industrie.

Marchandises importées. Les Indiens, simples dans leurs mœurs, constans dans leurs habitudes, et placés sous un ciel qui donne lieu à peu de besoins, ne sont pas susceptibles de recevoir l'inoculation des goûts européens ; peu d'articles leur conviennent, aussi les cargaisons qui leur sont destinées se composent-elles de marchandises européennes pour un quart, et de piastres fortes pour les trois autres quarts.

Coup d'œil d'économiste, jeté sur les exportations et les importations. Il a été dit que les exportations de l'Inde se composent de matières premières. Les Anglais prévoyant de loin la perte inévitable de leurs possessions dans les Antilles, s'y sont préparés en introduisant dans l'Inde la culture du sucre, et en agrandissant celle de l'indigo et du coton. Cette politique de leur part a eu un double but, celui de se donner des matières premières et celui de convertir des tisserans leurs rivaux en cultivateurs; mais, de ce changement de profession et de ce que l'usage des machines a permis aux Européens de fabriquer les tissus de coton à bien meilleur marché que ne le peuvent faire les Indiens, il est résulté que l'Inde tend à perdre et a déjà perdu une partie de son importance commerciale, non à l'égard de l'Angleterre, mais à l'égard des autres peuples. En effet, non-seulement l'Inde cesse d'être pour le monde entier ce qu'elle fut à son égard pendant plusieurs siècles, le marché de contrainte, le seul marché ouvert aux assortimens les plus complets de tout ce qu'embrasse la fabrication des tissus de coton, mais encore son accroissement de culture, qui semble devoir être pour elle une compensation à ce nouvel ordre de choses, est un dédomagement illusoire en ce qu'aux vastes cultures, il faut de nombreux consommateurs, et que ceux-ci lui manqueront, attendu que le prix du fret, joint à la nécessité de fournir des piastres les repousseront. Des marchés plus rapprochés et mieux combinés pour les échanges auront leur préférence, et ils n'en manqueront pas ; car aujourd'hui toutes les productions de l'Inde, sans en exempter les épiceries, sont cultivées en Amérique et le seront en Afrique.

Dans l'état actuel des choses, les Anglais sont donc les seuls acquéreurs sur lesquels l'Inde peut compter ; eux seuls ont des motifs pour s'accomoder de la longueur de la navigation, et échapper au désavantage de l'exportation des piastres.

Cette tendance à décroître qu'on remarque dans le commerce de l'Inde est-elle un mal, si elle est envisagée dans l'intérêt de l'économie politique, qui se trouve bien de la multiplicité des marchés et de celle des concurrences? A cela, cette même économie politique répond que depuis trop long-temps l'Europe s'épuise en envois, dans l'Inde, de piastres qui y sont enfouies, et que la piastre, comme toute autre monnaie, n'a pas pour destination celle d'être enlevée à la circulation.

Tributs et Contributions. L'Angleterre a dans l'Inde ses tributaires auxquels elle ne laisse que l'ombre du pouvoir et dont elle reçoit des tributs en argent, qui, joints aux contributions qu'elle perçoit sur les points où elle exerce une puissance immédiate, lui donnent une masse de recettes diverses évaluée à cinq millions de francs, qui, après avoir satisfait aux besoins de l'administration et de l'armée, sont appliquées au payement d'une portion des achats de matières premières que l'Inde lui livre. Une autre portion de ces achats est payée par les reviremens de fonds que nécessitent les fortunes amassées dans l'Inde, et réalisées en Angleterre, et finalement le solde qui ne peut être que faible s'il existe, est payée par des envois de piastres. C'est ainsi que l'Angleterre échappe à l'exportation de numéraire que nécessite le commerce de l'Inde fait par d'autres peuples.

Compagnie des Indes, et sa Dette. Chacun sait que la puissance gigantesque des Anglais dans l'Inde est l'ouvrage d'une compagnie de marchands qui partage avec le gouvernement la souveraineté sur le pays. Cette compagnie, dont le privilége finira avec l'année 1833, est courbée sous le poids d'une dette énorme, ce qui prouve que, balance faite des profits et pertes, le solde n'a pas été du côté des profits. Tout porte à croire que cette dette évaluee à trois fois le revenu de l'Inde, ce qui donne quinze cent millions, deviendra dette de l'Etat; ce sera lorsque le parlement anglais, cédant à l'opinion publique, qui n'est pas sans influence, et à ce que prescrivent les principes sur la matière, en viendra à décréter la liberté du commerce avec l'Inde et la Chine. Un premier pas a été fait dans cette voie, il date de 1813; à cette époque le commerce avec l'Inde obtint une demi-liberté; mais les relations avec la Chine restèrent dans les mains de la compagnie.

Quand cet ordre de choses cessera, cette Compagnie devra passer sa dette au compte de l'Etat, qui en échange recevra de la Compagnie ses établissemens sur pied dans l'Inde et à Londres. Les deux valeurs se balançant à peu près, il y aura avantage réciproque.

Tout est variable dans la situation de la Compagnie anglaise; le chiffre du jour peut n'être

(41)

pas exact le lendemain : une seule chose en fait
de chiffre est immuable , c'est la quotité du
dividende annuel que reçoivent les porteurs
d'action ; il a été abonné entre ceux-ci et les
directeurs de la Compagnie à 8 pour cent du
prix primitif de l'action ; or, le cours de l'action est plus que doublé ; donc , l'intérêt
qu'elle rapporte roule entre trois et quatre
pour cent , ce qui met dans l'opinion la dette
de la Compagnie , en fait de cours et de con-
fiance, sur un pied égal à la dette de l'Etat, et
facilitera le transfert.

Moyens de se maintenir dans l'Inde. **La**
domination anglaise dans l'Inde a pour défenseurs une armée composée d'Anglais en petit
nombre , et de Cipayes en grand nombre ; ces
soldats de race indienne sont commandés en
majeure partie par des officiers anglais. Ces
défenseurs dont le nombre est variable , ce qui
fait que je m'abstiens d'en indiquer le chiffre,
ont ensuite pour auxiliaires les ressources de
la politique qui entretient la division entre les
princes ses tributaires et ceux indépendans, et
aussi dans une conduite plus généreuse que
par le passé, conduite qui tend à rendre les
Indiens heureux par les institutions qui leur
sont données.

Balance des avantages et des désavantages.
Cette balance donnerait zéro pour résultat,
si, l'envisageant commercialement, il s'agissait
d'en trouver le solde, comme dans un compte
de profits et pertes; mais en la considérant
sous un point de vue plus élevé, l'on a vu que
la distance, la nécessité des piastres et la rivalité d'industrie qui sont les désavantages que
porte avec soi le commerce de l'Inde, ont
pour l'Angleterre leurs moyens d'atténuation.
Il ne reste donc plus qu'à compter les avantages; or, ils sont nombreux et d'un haut intérêt pour la position toute particulière de
l'Angleterre.

L'Inde donne lieu à un immense mouvement d'affaires: l'industrie est alimentée par
des matières premières; cette même industrie
entre pour un quart dans les exportations
faites vers l'Inde; la navigation occupe un
grand nombre de marins; les vaisseaux de haut-
bord de l'Etat ont pour auxiliaires les vaisseaux de haut-bord de la Compagnie moins
bien armés, mais, au besoin, tenant à la ligne.
Le trésor public reçoit à chaque renouvelle-
ment du bail de la Compagnie un pot de vin
proportionné à l'importance du marché. Le
Gouvernement compte au nombre de ses

moyens d'influence dans les Chambres le patronage des places dans l'Inde, et celle de simple écrivain est considérée comme étant l'équivalent d'une somme de cinq mille livres sterling; finalement les fortunes amassées dans l'Inde, et réalisées en Angleterre, y portent annuellement une somme de deux millions sterling (cinquante millions de notre monnaie).

Tels sont les traits les plus saillans de la domination anglaise dans l Inde; celle que les Français peuvent obtenir en Afrique se prête à un examen de questions faites dans les mêmes termes, mais dont les réponses seront beaucoup plus satisfaisantes sous le point de vue d'économie politique.

AFRIQUE.

Distance de la métropole. Les établissemens français en Afrique sont séparés de leur métropole par les distances suivantes : la moindre est de deux cents lieues, la moyenne est de huit cents, et la plus éloignée est de quinze cents. Les unes et les autres ne comportent pas une longue navigation : cette brièveté a pour elle des réalisations promptes et qui conviennent au capitaliste français, qui ne perd pas volontiers de vue ses capitaux, une économie de fret réversible sur le prix de la marchandise, et finalement, sur la Méditerranée, l'avantage d'une navigation côtière, qui, envisagée sous le rapport de l'éducation des marins, en fait des hommes habitués à lutter contre les orages et les dangers des côtes.

Par contre, la navigation sur cette même mer a contre elle les pertes de temps qu'occasionnent les quarantaines : elles influent sur le prix du fret, et elles substituent le repos à l'activité que nécessite la formation des marins.

Productions exportées. Les productions qui seront exportées de la portion des côtes que les Français occupent sur la Méditerranée, se divisent en deux classes : les unes existent, les autres sont en expectative. Les premières se composent de grains, cuirs, laines, corail brut, plumes d'autruche et or, provenant du commerce avec l'intérieur : les secondes embrasseront toutes les productions des deux Indes à fur et mesure qu'on en introduira la culture sur un sol et sous un climat qui les comportent toutes sans exception.

Quant à celles que la côte occidentale livre à l'exportation, elles se composent de gomme arabique et copale, d'ivoire connu sous la dénomination de Morphil, de bois de teinture et de marqueterie, finalement de poudre d'or et d'or en barres.

Marchandises importées. Les Maures, habitués aux jouissances de la vie et privés sous beaucoup de rapports de l'industrie qui les satisfait, recevront de la métropole tout ce qui pourra s'y rapporter. Les noirs, ensuite moins recherchés, mais habitués par le commerce de la traite des esclaves à des importations variées, ouvriront leurs marchés à une foule d'objets dont les ramifications occupent un grand nombre de bras.

Coup d'œil d'économiste jeté sur les exportations et les importations. Tout ce que l'Afrique produit dans son état actuel et ce qu'elle est destinée à produire lorsque les cultures appropriées au sol et au climat y auront été introduites, convient à la France.

Elle ne sera pas avec ce pays-là en rivalité manufacturière, comme le Anglais le sont avec l'Inde, attendu qu'il n'a que des denrées et des matières premières à lui livrer. Ces matières premières alimenteront son industrie, et celle-ci trouvera en Afrique des débouchés multipliés, dont l'une des contre-valeurs sera l'or en barres et l'or en poudre. De cet état de choses résulte l'accord le plus parfait et le plus réciproque entre les besoins à satifaire et les moyens de les satisfaire, et c'est précisément celui que l'économie politique cite comme devant être l'objet des recherches commerciales.

Tributs et Contributions. Les tributs que payeront les divers beys dépendant de la régence d'Alger, et les impositions que devra subir la portion du territoire qui sera gouvernée directement auront à satisfaire aux besoins de l'administration et de l'armée ; et ces services étant payés, le surplus, si tel est le cas, ne sera pas employé comme dans l'Inde à des achats de marchandises, mais sera versé au trésor. Ainsi, les productions que l'Afrique livrera auront pour contre-valeur des productions françaises, et non l'argent levé sur le pays.

Compagnies privilégiées et Dette. L'Afrique a eu ses compagnies privilégiées ; ce fut au Sénégal, celle de la traite des Noirs est à Alger, celle de l'exportation des grains et de la pêche de corail ; ce n'est pas le cas d'entrer dans la question de savoir si elles ont réussi, ou laissé des dettes ; le présent article n'est introduit que pour correspondre à un pareil article qui figure dans l'examen de l'Inde, et pour y puiser l'occasion de rappeler les discussions de l'assemblé constituante, relatives au privilége exclusif de la compagnie des Indes ; l'on y trouvera une sauvegarde contre toute proposition qui serait faite d'exploiter le tout, ou une partie quelconque du commerce de l'Afrique, par voie de compagnie.

Balance des avantages et des désavantages. L'étude de l'économie politique nous apprend qu'en fait de commerce on ne peut pas dire que ce que l'un gagne, l'autre le perd nécessairement, attendu que la vérité est qu'il y a gain de part et d'autre. Cette vérité est prouvée par le raisonnement suivant.

Les choses n'ont de valeur que celle que le besoin y attache; celui qui échange son superflu contre ce qui fait partie de ses besoins donne le moins pour avoir le plus. Par contre, celui de qui il a reçu le plus, n'a, d'après son évaluation du prix des choses, donné que le moins, autrement dit son superflu, pour obtenir le plus, autrement dit ce qui était pour lui un besoin. De là cette vérité, que de part et d'autre il y a eu gain.

Cette doctrine appliquée à l'intérêt des États doit les porter à rechercher les relations commerciales fondées sur la plus grande réciprocité entre les moyens et les besoins: et où pourrait-on trouver cette réciprocité plus patente que dans les relations qu'il s'agit d'établir entre la France et l'Afrique? Ainsi, sous le rapport commercial, tout est avantage;

un seul désavantage dérange cet heureux ensemble, c'est celui qui résulte des quarantaines
auxquelles il faudra chercher un remède.

Répondant aux avantages autres que ceux
commerciaux qui attachent le gouvernement
anglais à la domination de l'Inde, je dis que
le Gouvernement français trouvera dans celle
de l'Afrique des causes de haute prospérité
et de convenance qui ne le céderont en rien
à celles en regard desquelles elles sont placées,
on en jugera par l'énumération que voici :

Colonie de position forte par elle-même et
à portée d'être secourue ;

Augmentation de navigation, qui aura pour
soi des ports et des marins africains ;

Vaste mouvement d'affaires ;

Spéculations réalisées à courte échéance ;

Industrie satisfaite dans ses besoins ;

Grains pour l'approvisionnement du midi
de la France ;

Débouché du trop plein de la population, dis-
tributions de places pour prix de services rendus, fortunes à faire dont la réalisation en France
accroîtra la masse de la fortune publique ;

Finalement tendance vers une grande prépondérance politique sur la Méditerranée, la
mer Rouge et une portion de l'Océan atlantique.

Tel est le tableau de ce que serait la domi-

nation des Français en Afrique, comparée
avec ce qu'est celle des Anglais dans l'Inde.
Lequel des deux est plus satisfaisant? le lec-
teur en jugera.

Au moment de conclure, je me vois arrêté
par la nécessité de répondre à des réflexions
décourageantes, faites par des écrivains qui,
jugeant la question de colonisation de l'Afrique
d'après ce qui s'est fait en Amérique, préten-
dent :

1°. Que les Français ne sont pas propres à
fonder des colonies;

2°. Qu'ils n'ont pas le droit de coloniser ce
qu'ils ont conquis;

3°. Que les avantages attachés à la conquête
ont moins de réalité qu'on ne pense;

4°. Que la France ne parviendra jamais à
soumettre les Arabes.

A chacune de ces fausses idées, ma réponse
est la suivante :

1°. Ne prenons pas l'Amérique pour exemple dans les projets de fondation de colonie.
Les îles sur lesquelles les Européens se sont
établis ont exigé des défrichemens préalables
et la transplantation d'une population obtenue
à grands frais, et en opposition avec les principes de l'humanité; et pourtant, avec ce sys-

tême vicieux, les Français ont eu Saint-
Domingue, qui a été surnommée la reine des
Antilles Que ne produiront-ils pas sur le territoire algérien, où ils trouveront des défrichemens faits; une population homogène et
façonnée à l'agriculture: population à laquelle
ils ne porteront ni le régime prohibitif, ni
l'esclavage, ni les restrictions imposées à l'industrie des colons Mais, le rapprochement
des peuples, la fusion des intérêts, l'amalgame
des races, le bienfait de la civilisation et tout
ce qui peut attacher le colon à sa métropole.

2°. L'invasion est consommée; ce n'est plus
le cas d'examiner si elle a eu lieu à tort ou à
raison: mais c'est celui de considérer l'usage
que le vainqueur fera de la victoire; or, quel
meilleur usage peut-on en faire que celui de la
rendre utile aux peuples envahis et de légitimer
par des bienfaits l'odieux de la violence?

Enfans d'une métropole puissante, et tenant
le premier rang parmi les nations, les nou-
veaux colons, objets de sa sollicitude, lui
devront reconnaissance et soumission.

3°. Les avantages de la possession d'Alger
sont prônés par toutes les bouches; les mécon-
naître, c'est fermer les yeux à l'éclat de la
lumière. Se réserver le droit d'examen sur la

(31)

question de savoir si ses côtes peuvent être un
point militaire qu'il serait avantageux d'occuper, c'est admettre le doute qui est un com-
mencement de victoire : et pour la rendre com-
plette, je n'hésite pas d'avancer que n'eussions
nous dans la possession d'Alger que le grand
avantage de prendre dans la Méditerranée une
attitude respectable et favorable à nos relations
avec tous ses riverains, nous ne devrions pas
hésiter à conserver ce que d'autres peuples
nous envient avec raison.

4. Ne désespérons pas de l'entière soumission des Maures et des Arabes. Les Romains,
sous Scipion l'Africain, subjuguèrent Carthage,
et sous Lucullus, Marius et Sylla, la férocité
des soldats de Jugurtha et de Bochus ne les
rebuta pas ; enfin, leur puissance triompha de
l'or corrupteur et de la résistance d'un peuple
qui unissait l'astuce et le courage à l'amour de
l'indépendance. Sommes-nous donc inférieurs
aux Romains, et n'avons-nous pas sur les
Arabes l'avantage de cette artillerie qui décide
du sort des batailles ?

La controverse m'ayant conduit à émettre
quelques idées de principes à l'égard de la
colonisation d'Alger, c'est le cas de faire
remarquer par des exemples, quelle a été

l'influence des colonies organisées dans le sens que je l'entends, sur la puissance, la prospérité et la sureté des peuples anciens et modernes qui ont le mieux compris les principes de l'économie coloniale. Mes citations seront succinctes, elles auront pour objet, à l'égard des Anciens, les Grecs, les Romains et les Carthaginois; et à l'égard des modernes, les Anglais et les Français.

Les Grecs. Tandis que les républiques d'Athènes et de Sparte, qui ne considéraient leurs colonies que comme des postes militaires favorables à leur domination, opposaient, par leurs colonies de l'Asie mineure, une barrière redoutable aux Perses, aux Cimériens et aux Lydiens, les barbares d'Europe étaient contenus par les établissemens grecs fondés sur l'Hellespont et la mer Adriatique. La colonie méridionale de Cyrenne comprimait la férocité sauvage des Lybiens dans les limites de leur territoire. Partout la civilisation faisait reculer la barbarie.

Les Romains. Les Romains, non moins éclairés que les Grecs, ne parvinrent à consolider leur vaste empire, qu'en établissant des colonies dans les pays conquis, et l'Afrique n'en fut pas exempte. Ce fut au moyen de ces

dominations lointaines que les peuples s'ha-
bituèrent à leurs dominateurs, dont ils prirent
les mœurs, les usages et la religion. Senti-
nelles avancées des métropoles, les colonies
veillaient à leur sureté, et à l'accroissement de
leur puissance. Ayons comme.eux notre Mauritanie césarienne.

Les Carthaginois. Carthage, elle-même,
dont les célèbres débris touchent pour ainsi
dire au territoire que nous occupons; Carthage,
initiée dans les secrets d'une politique pro -
fonde, fit les plus grands sacrifices pour fonder des colonies en Sicile : elle leur dut plusieurs fois le salut de ses flottes et le succès
de ses armes.

Les Anglais. L'Angleterre est un exemple
vivant du degré de puissance que peuvent
produire les possessions coloniales établies sur
une grande échelle, et possédant une population indigène. Elle ne se dissimule pas les
vices et les dangers inhérens aux colonies
insulaires des Antilles : mais, bien partagée sur
ce point, elle en profite et retarde par de sages
institutions, le moment ou les esclaves par-
viendront à se débarrasser de leurs chaînes.
Préparée pour cet évènement, elle possède en
dehors du cercle des futures insurrections,

d'une part, des colonies qui ont le double avantage de produire et d'être des colonies de position, et d'autre part, des colonies qui ne sont que de simple position.

En tête des premières est l'Inde, qui lui livre force matières premières, et qui, comme position, contient les Persans, le Thibet et les riverains de la côte de l'Est.

Vient ensuite le Canada, dont la population cultive et dont la position arrête l'extension des Etats-Unis d'Amérique, jadis colonie anglaise, et aujourd'hui rivaux de l'ancienne métropole.

Quant aux colonies de simple position, celles-ci se divisent en deux parties :

1°. Le cap de Bonne-Espérance, Sainte-Hélène, l'île de France, et Trinco-Malé dans l'île de Ceylan. Chacun de ces points militaires a pour destination celle de faciliter la navigation et de contribuer à la sureté de l'Inde. Le dernier sera pour les Anglais, s'ils perdaient l'Inde, un moyen de concentration de forces maritimes imposantes qui leur assureront la continuation de leur commerce avec l'Inde, dont ils pourront dominer les côtes, si tel est leur intérêt : de sorte qu'il n'y aurait pour eux de perdu que la souveraineté ; mais avec la souveraineté, les revenus qui, comme je l'ai dit, fournissent l'instrument d'échange des achats et sans lequel il faudrait exporter des piastres. L'île de Ceylan, par elle-même, leur donnerait d'ailleurs tout ce que produit l'Inde ; plus, quelques articles qu'elle ne produit pas.

2°. Gibraltar, Malte et les îles Yoniennes. L'intérêt de ces colonies parle trop haut pour qu'il soit besoin de l'indiquer : mais en même temps, il en dit assez pour que la France place dans le contre-plateau de sa balance avec l'Angleterre, le poids d'un établissement tel qu'il est en son pouvoir de le fonder sur la Méditerranée.

Les Français. Saint-Domingue, la Guadeloupe, la Martinique et Sainte-Lucie, dans l'Océan Atlantique, prouvèrent, pendant la guerre de l'indépendance américaine, l'importance et l'utilité des colonies de position. L'Afrique est appelée à jouer le même rôle dans la Méditerranée. Repoussons donc les fausses théories, fruit de l'ignorance et de la peur de certains alarmistes que quelques difficultés étonnent ; et conservons les avantages immenses d'une possession qui doit donner la vie au commerce qui est dans l'inertie, changer en relations extérieures des transactions qui ont l'intérieur pour limite, et rendre à une destination utile et digne les capitaux qui, faute de mieux, alimentent l'agiotage de la bourse.

CONCLUSIONS.

Tel est l'ensemble du raisonnement sur lequel je fonde la possibilité de tirer de la conquête d'Alger des avantages immenses qui sont restés inaperçus jusqu'à ce jour. Mon travail aura pour premier juge S. M. le Roi. Si l'aperçu de ce juge capable et prompt à saisir, est favorable à mes idées, elles seront renvoyées à des ministres chargés de les approfondir et d'en préparer l'exécution. Dans ce cas, une manière large de voir, telle que doit être celle du cabinet actuel, me garantit que des inexactitudes de détail, s'il m'en est échappé, que des gisemens de lieux donnés par simple approximation, parce que la géographie elle-même est à leur égard dans le vague; que des difficultés, enfin, qui n'ont pas été signalées parce qu'il a fallu être bref et arriver à propos, ne détourneront pas l'attention de res derniers juges, d'un fond de choses exact, s'il est vu en grand, exécutable si l'on tourne les difficultés qu'on ne pourra vaincre, et créateur d'un système colonial nouveau, si celui que je propose est substitué à l'ancienne routine.

En définitive, et pour répondre en peu de mots aux objections fondées ou non, qui pourraient être faites, j'ajouterai aux considérations que je viens de présenter, qu'ayant dû voir les choses de haut et les suivre à vol d'oiseau, ce mode de parcourir un projet vaste, est sujet à la rencontre de plus d'un obstacle imprévu. Mais de quelle nature peuvent être ces obstacles? N'est-il pas présumable qu'ils seront de la classe de ceux que le temps, qui conduit à maturité tout ce qui est dans la force des choses, devra détruire? Dans ce cas, je dis que la force des choses voulant que la France régénérée, habilement gouvernée et placée comme elle l'est, sur les côtes septentrionale et occidentale de l'Afrique, finisse par dominer cette partie du globe, la conséquence de cet état de choses est que ce qui paraîtrait au premier coup d'œil comme impossible, deviendra d'abord faisable, et ensuite d'exécution facile. Le devoir est de tenter.

Rien ne doit donc empêcher nos ministres qui auront pour auxiliaire l'action rapide du temps, de mettre la main à l'œuvre pour donner à la France ce qui sera pour elle une ère commerciale nouvelle.

Celui d'entre eux auquel il est réservé de prendre l'initiative de l'exécution sera celui de la marine. Cet administrateur semble avoir été façonné en tous points pour la chose. Versé dans la connaissance de l'ensemble des intérêts diplomatiques, familiarisé avec les mœurs et les habitudes du turban; lucide dans l'examen et la discussion des intérêts de tous genres: juge né de la puissance du sabre dont l'usage devra en imposer aux Maures et aux Arabes; finalement interprétateur libéral des lois coloniales, ce ministre devra, pour commencer, faire reconnaître notre position actuelle avec le roi de Whère, souverain de l'île de Borodo, sur laquelle il nous a donné droit d'établissement. Cet établissement a porté le pavillon tricolore; cette bannière de la liberté flottait encore sur ses ruines quelques années après l'évacuation. Le signataire du traité de donation est peut-être encore sur le trône; dans ce cas, on le trouvera on ne peut pas plus favorable à nos intérêts; il en a donné des preuves lors de l'évacuation ; et dans le cas contraire, son successeur ne méconnaîtrait pas des traités dont l'encre est encore fraîche. Au nombre des conditions que renferme l'acte de cession, se trouve celle d'une prestation en marchandise.

Trente-huit années d'arrérages sont dus ; il sera essentiel de se présenter accompagné de ce cortége mercantile ; il lèverait les difficultés, si la prescription était connue dans ce pays, où la bonne foi n'a pas perdu la totalité de ses droits.

FIN.

IMPRIMERIE PORTHMANN,
RUE SAINTE-ANNE, N. 45.